EXTRAIT du Discours de M. le Gouverneur de la Cochinchine à la session ordinaire de 1922 du Conseil colonial

....
....

Pour pouvoir assurer d'autre part, une compression indispensable des dépenses de personnel qui grèvent si lourdement les différents budgets, il convient de s'attacher à réduire, dans la mesure du possible, le nombre de circonscriptions administratives.

Plusieurs tentatives ont déjà été faites dans ce sens depuis une vingtaine d'années. Elles ont toutes échoué jusqu'à ce jour sans doute, parce qu'elles étaient prématurées; mais il semble que le moment soit venu de réaliser progressivement cette réforme.

Toutes les causes que je viens d'exposer sommairement : nouvelle répartition de la population et de la richesse publique, extention du réseau routier et rapidité de plus en plus grande des moyens de transport, attachement à une même circonscription des régions souvent très dissemblables et nécessité de comprimer les dépenses d'administration, tendent donc à nous imposer un remaniement à peu près général des limites des différentes provinces.

Par un arrêté du 1er Juin, j'ai chargé une commission d'étudier les conditions de réalisation de cette réforme. Elle vient de terminer ses travaux et elle a déposé son rapport.

Conformément à la législation en vigueur, les conseils des notables et les conseils des provinces intéressés vont être invités à faire connaître leur avis sur les propositions qu'elle a cru devoir formuler. Elles seront ensuite soumises à votre assemblée.

Elle comporte outre certaines modifications de moindre importance, la suppression des provinces de Cholon et de Vinhlong et la répartition de leur territoire entre la Ville de Cholon et les provinces de Giadinh et Gocong d'une part, et celles de Bentré, Travinh et Sadec d'autre part.

....
....

Dans mes entrevues avec M. le Gouverneur de la Cochinchine, je lui ai exposé longuement que la suppression de la province de Vinhlong constituerait une mesure politique bien impopulaire, en raison de son passé historique, C'est là, en effet, que le premier traité de paix entre la France et l'Annam a été signé. Au point de vue économique, c'est le point par où passent les bateaux des lignes du Cambodge et de l'Ouest. C'est également le croisement de la voie terrestre de l'Est à l'Ouest de la Cochinchine.

Grâce à cette situation, le centre de Vinhlong peut facilement se développer, bien que la province ait déjà atteint le maximum de son rendement.

Si l'on croit, d'autre part, que son rattachement à Sadec réduirait les frais d'administration, ce serait une profonde erreur. Vinhlong possède son tribunal et son bureau d'Enregistrement, avec des logements comfortables pour tous les fonctionnaires intéressés. Leur transfert à Sadec coûtera excessivement cher.

On a tenu compte des raisons que j'ai exposées et depuis 1922, le projet a été définitivement abandonné.

Session ordinaire de 1922

VŒU de M. Truong-thành-Thuong relatif au maintien du corps des Phu et des Huyèn.

Réponse. — L'Administration met actuellement à l'étude le vœu du Conseil Colonial, tendant à l'attribution du titre de Huyèn et de Phu aux commis indigènes qui seront appelés à remplir les fonctions de délégué administratif.

En ce qui concerne l'examen pour le recrutement de Huyèn, dont la suppression a été décidé par l'arrêté du 16 Septembre 1920, l'Administration donne à l'assemblée locale l'assurance qu'il ne sera pas rétabli.

VŒU de M. Truong-thành-Thuổng tendant à ce que l'Administration veuille bien prendre les dispositions nécessaires

Mes Chers Électeurs,

En 1922, lorsque je vins solliciter vos suffrages, je vous ai promis de m'opposer à toute charge nouvelle de nature à grever davantage les contribuables déjà très lourdement taxés. Je ne me suis jamais départi de cette ligne de conduite.

J'ai fait mieux : je me suis activement employé à faire réduire des taxes qui me paraissaient excessives. C'est ainsi qu'à Vinhlong, j'ai pensé que les centièmes additionnels, fixés à 55 % pour les rizières et à 50 % pour les centres urbains, étaient trop élevés et, grâce à mes démarches et à mes efforts, je les ai fait réduire, depuis 1924, à 40 % et 30 %.

En politique générale, j'ai toujours été aussi modéré que possible, sachant par avance que la violence ne servirait à rien, mais nuirait plutôt aux intérêts de nos compatriotes. C'est pourquoi, j'ai cru devoir mieux les servir en me faisant l'agent de liaison entre le Gouvernement et le peuple pour exposer raisonnablement à l'un les légitimes desiderata de l'autre et chercher à obtenir en sa faveur des avantages immédiats. Mais, en aucun cas, je n'ai rien abdiqué de mes droits contre les profits personnels.

Dans le compte-rendu de mon mandat, vous trouverez les résultats que j'ai obtenus personnellement ainsi que l'exposé succinct de certains travaux élaborés en commun avec mes collègues.

En présentant à votre appréciation ce compte-rendu, je me soumets en même temps à votre jugement. Si comparativement aux précédentes législatures, j'ai pu obtenir plus de résultats pour la masse, je viens de nouveau solliciter vos suffrages aux prochaines élections qui auront lieu le 10 Octobre prochain. A la faveur des quatre ans d'expérience qui viennent de s'écouler, je serai à même de pouvoir mieux vous servir. Au point de vue fiscal, je maintiendrai la même ligne de conduite que je me suis précédemment

tracée. En ce qui concerne notre développement moral,
matériel et intellectuel, je me tiendrai comme par le passé
à votre disposition en m'inspirant de vos suggestions pour
agir au mieux de vos intérêts.

Vinhlong, le 27 Septembre 1926.

TRUONG-THANH-THUONG,.
Conseiller colonial sortant..

pour le fonctionnement dans le plus bref délai de l'Internat primaire de Vinhlong.

Réponse. — Le vœu tendant à ce que l'Internat primaire de Vinhlong soit ouvert, dans le plus bref délai, a reçu satisfaction à partir du 17 Septembre 1923.

————

VŒU présenté par M. Truong-thành-Thuong et les conseillers indigènes, relatif aux réductions accordées sur les chemins de fer aux membres des familles de fonctionnaires et agents des diverses administrations publiques.

Réponse. — Si, en principe, la mesure préconisée mérite d'être retenue, elle se heurterait, en pratique, à des difficultés telles que sa réalisation paraît impossible.

Il est, en effet, à remarquer que les familles françaises appelées à bénéficier de la réduction des tarifs, sont peu nombreuses. Les Compagnies de chemin de fer peuvent donc, sans augmenter considérablement leurs frais généraux, leur consentir des prix de faveur. Par contre, les familles annamites comptant généralement 6 ou 7 membres, il est à présumer que les compagnies intéressées ne pourraient prendre les-mêmes mesures à leur égard qu'en augmentant sensiblement le prix des transports ordinaires.

A un autre point de vue, les indigènes n'ayant pas de livret de famille et leur identité, surtout lorsqu'il s'agit des femmes et des enfants, qui ne sont pas inscrits au rôle de l'impôt personnel, ne pouvant être établie qu'avec les plus grandes difficultés, cette faveur donnerait lieu à de nombreuses fraudes qu'il serait impossible de prévenir à moins d'envisager la création d'un service spécial pour l'établissement des cartes de familles.

Pour ces diverses raisons, et malgré son but éminemment louable, ce vœu ne semble pas, du moins pour l'instant, pratiquement réalisable.

————

VŒU présenté par M. Truong-thanh-Thuong tendant à ce que les indemnités de cherté de vie soient accordées au personnel indigène en service au Cap Saint-Jacques, Hatiên et Baria.

Réponse. — Ce vœu a été transmis à M. le Gouverneur général.

VŒU présenté par M. Truong-thanh-Thuong tendant à ce que le bénéfice des majorations pour charges de famille soit étendu au personnel indigène en service dans les provinces.

Réponse. — Ce vœu est actuellement à l'étude.

VŒU de M.M. Truong-thanh-Thuong et Nguyen-van-Phat tendant au rattachement de la province de Travinh au Bureau d'enregistrement de Vinhlong.

Réponse. — Ce vœu a été soumis à M. le Directeur des Finances qui n'a pas cru pouvoir lui réserver une suite favorable pour les raisons suivantes :

Si la province de Travinh était rattachée au Bureau d'enregistrement de Vinhlong, les personnes, ayant à se renseigner sur la situation hypothécaire des immeubles situés dans cette province, se trouveraient dans l'obligation de requérir, pendant dix ans au moins, les certificats hypothécaires à la fois au bureau de Mytho et au bureau de Vinhlong. Il résulterait de cette mesure des inconvénients et un surcroît de dépenses pour les requérants.

Pour ce motif, des modifications en ce qui concerne les circonscriptions des bureaux d'enregistrement et d'hypothèques ne sont apportées que lorsque l'intérêt du Trésor exige la création de nouveaux bureaux. Il convient d'ailleurs de remarquer que les Annamites et assimilés ont, à l'heure actuelle, la faculté de faire enregistrer à Travinh les actes passés par eux sous la forme indigène.

VŒU du Conseil colonial relatif à l'exemption de l'impôt personnel des élèves boursiers des Collèges Chasseloup-Laubat, Mytho et l'école des infirmiers-vaccinateurs.

Réponse. — La mesure proposée se heurte au principe de l'égalité de tous devant l'impôt qui domine notre législation fiscale.

Il a été admis, dans un intérêt général, quelques exceptions à ce principe, en ce qui concerne l'impôt personnel et des prestations. C'est ainsi que le Conseil Colonial, par délibération en date du 18 février 1920, a accordé l'exonération de cette taxe aux tirailleurs en services et aux élèves boursiers de certaines écoles, pour lesquels les candidats se faisaient de plus en plus rares.

Il ne paraît pas, dans ces conditions, opportun d'étendre cette faveur aux élèves des collèges Chasseloup-Laubat et de Mytho pour lesquels, au contraire, de nombreuses demandes d'admission ne peuvent être retenues chaque année, faute de places disponibles.

VŒU des Conseillers annamites relatif à la responsabilité des maires en matière d'impôt personnel.

Réponse. — L'Administration locale a donné, à plusieurs reprises, des instructions très précises aux chefs de province au sujet du mode d'établissement du Bo-dinh.

Seuls doivent être inscrits au rôle primitif, en principe, les dân qui, par leur situation et leurs attaches de famille, sont considérés comme constituant le village.

La population flottante, celle qui n'a pas d'attaches sérieuses au village et qui peut, de ce fait, disparaître du jour au lendemain, ne devrait être inscrite qu'aux rôles supplémentaires.

C'est d'ailleurs ce qui a lieu dans les communes bien organisées où le maire a vraiment conscience des responsabilités qu'il encourt de par ses fonctions.

Si donc cette pratique était généralisée et les autorités communales peuvent les suivre sans instructions nouvelles, les fonctionnaires indigènes responsables n'auraient que très rarement, à verser de leurs deniers personnels, le montant des cotes non recouvrées. Ces cotes sont, en effet, toujours susceptibles de dégrèvements et ceux-ci sont accordés quand les motifs présentés sont justifiés.

La responsabilité des autorités communales peut donc être très restreinte si, au cours de leur gestion, ils prennent toutes les précautions nécessaires, précautions qui leur ont été indiquées à maintes reprises.

VŒU du Conseil Colonial tendant à ce que les commerçants annamites bénéficient, à titre d'encouragement, d'une réduction de droit de patente qui devait aller en accentuant vers les classes modestes.

Réponse. — La réglementation de la contribution des patentes basée uniquement sur la catégorie de commerce ou d'industrie exercé, abstraction faite de la personnalité de l'assujetti, doit être appliquée de la même façon et dans le même esprit, pour tous les commerçants, et il est par suite impossible de la modifier dans le sens général préconisé par le Conseil Colonial.

Le régime permet d'ailleurs une tarification équitable puisqu'il a été prévu, pour la plupart des rubriques, un certain nombre de classes correspondant à des tarifs différents.

Chaque cas d'espèce peut, en conséquence, être soumis à la Commission de recensement annuelle qui appréciera les considérations que le patentable peut avoir à faire valoir, pour être imposé à une classe inférieure, en raison de la localité, de l'importance de son commerce et de son fonds de roulement.

VŒU tendant à ce que des indemnités pour changement de résidence, soient accordées au personnel indigène à raison de 30 $ pour les célibataires et 50 $ pour les mariés.

Réponse. — Le personnel indigène reçoit, pour chaque changement de résidence, une allocation pour frais de transport de mobilier, sous forme d'autorisation de location, aux frais du Budget local, de sampans, charrettes ou autres moyens de transport. Cette allocation varie de 10 $ à 50 $ suivant la voie employée : terrestre ou fluviale. Il paraît inopportun de réglementer plus étroitement ce genre d'allocation.

VŒU tendant : 1° à ce que soient supprimées les limites d'âge fixées respectivement à 13, 16 et 17 ans pour les candidats au certificat d'études primaires, au brevet élémentaire et au diplôme d'études complémentaires ; 2° à ce que la limite l'âge pour l'admission dans les écoles complémentaires soit reportée à 18 ans.

Réponse. — La partie du vœu du Conseil colonial relative au Brevet élémentaire est sans objet. En effet, cet examen était un examen métropolitain, la Colonie n'a pas qualité pour modifier la réglementation qui le concerne. Au surplus, le Conseil colonial a été mal informé ; la limite d'âge prévue pour cet examen est de 15 ans (et non de 16 ans) au 1er Juillet de l'année où a lieu l'examen.

Pour ce qui concerne les limites d'âge pour les examens et pour l'admission dans les écoles complémentaires, les vœux du Conseil colonial tendent, d'une part, à abaisser ou supprimer les premières, d'autre part, à retarder la seconde.

Un vœu analogue avait été adopté par le Conseil Colonial, au cours de sa session extraordinaire de 1922, mais il n'a pas été possible d'y donner suite. Les établissements du 2e degré sont, en effet, insuffisants pour la Cochinchine et il n'est possible d'y admettre chaque année qu'un nombre relativement très faible d'écoliers reçus au certificat d'études primaires franco-annamites. Dans ces conditions, la limite d'âge de 16 ans permet d'évincer tous les candidats qui sont déjà trop âgés pour pouvoir poursuivre leurs études dans l'enseignement supérieur. Le relèvement de cette limite d'âge pourra être utilement envisagé, lorsque l'Administration aura construit à Saigon, un grand collège complémentaire pouvant recevoir un plus grand nombre d'élèves. Il convient d'ailleurs de remarquer que cette limite d'âge a été reportée à 18 ans, pour l'École normale d'instituteurs en vue de faciliter le recrutement de futurs maîtres. Les retardataires ont donc la possibilité de continuer leurs études, à condition de se destiner à l'enseignement.

D'autre part, l'intérêt pédagogique s'oppose à ce que les jeunes certifiés de 12 ans soient mélangés dans une même classe avec des retardataires de 18 ans. Il importe, pour que l'enseignement complémentaire porte ses fruits, qu'on ne l'aborde ni trop tôt, ni trop tard. La limite fixée par l'article 167 du Code de l'Instruction publique semble donc sage et doit être maintenue.

Par contre, les limites d'âge actuellement fixées à 13 ans pour le certificat d'études primaires, et à 18 ans pour le diplôme d'études complémentaires pourront être abaissées à

12 ans et à 16 ans. Cette mesure aura l'avantage de mettre plus d'harmonie entre le régime des examens métropolitains et celui des examens franco-indigènes. L'étude de cette réforme trouvera sa place dans la prochaine revision des programmes de l'enseignement franco-indigène.

VŒU tendant à ce que les instituteurs détachés du service local, les instituteurs communaux et les moniteurs soient moins fréquemment l'objet de mutations.

Réponse. — Satisfaction a été donné à ce vœu. Par circulaire en date du 9 Mars 1923, les administrateurs chefs de province ont été invités à prendre toutes dispositions utiles afin de réduire le plus possible les déplacements dont les instituteurs et les moniteurs communaux sont l'objet.

VŒU tendant à ce que l'inspection des écoles élémentaires soit confiée exclusivement à des inspecteurs indigènes.

Réponse. — Ce vœu ne paraît pouvoir être pris en considération avant plusieurs années.

Aussi longtemps que l'Ecole supérieure de Pédagogie ne fournira pas en nombre suffisant les professeurs complémentaires indigènes qui doivent, de par le code de l'Instruction publique, être chargés de l'inspection des écoles élémentaires, l'Administration se trouve dans l'obligation de constituer, comme par le passé, à confier ces inspections aux Directeurs français des écoles provinciales, avec, pour adjoints, des instituteurs d'un âge et d'un grade convenables.

VŒU concernant les médecins auxiliaires.

Réponse. — Par lettre N° 503 du 25 Juin 1923, l'Administration a demandé au Gouvernement général de provoquer la promulgation en Indochine du décret du 11 Octobre 1922 sur l'exercice de la médecine par les praticiens diplômés de l'Ecole médecine de l'Indochine.

Le Chef de la colonie vient de faire connaître au Gouvernement local, par lettre N° 1971 du 4 Septembre 1923, que ce décret ne sera pas promulgué tel qu'il a paru au *Journal officiel de la République française.* Il a été reconnu en effet

que ce texte contenait diverses imperfections susceptibles
d'entraîner, dans la pratique, des conséquences qu'il convient
de prévenir. Aussi le Gouvernement général va-t-il saisir
incessamment le Département d'un projet de décret recti-
ficatif.

M. le Gouverneur général estime cependant qu'en l'état
actuel de la réglementation applicable à la Cochinchine —
décrets des 17 Août 1897 et 12 Août 1905 — rien ne s'oppose
à ce que les médecins auxiliaires démissionnaires les cadres
de l'assistance, soient autorisés par l'Administration locale
à exercer librement leur art. Le décret du 12 Août 1905 ne
vise que les médecins indigènes fonctionnaires, mais il ne
contient aucune disposition interdisant l'exercice aux praticiens diplômés ayant cessé d'être fonctionnaires, et d'autre
part, le décret du 17 Août 1847, en son chapitre VI, ne précise
nullement que les médecins indigènes dont il règle la situation légale, devront, dans tous les cas, être des fonctionnaires.

VŒU tendant à ce que l'Administration poursuive et
achève les travaux de dragages entrepris actuellement dans
la Plaine des Joncs.

Réponse. — Les travaux de dragages prévus dans la Plaine
des Joncs sont en cours d'exécution.

Au début du mois d'Octobre prochain, le dragage du canal
Thap-Muoi sera arrêté au rach Can-lo afin de ne pas débou-
cher sur le Mékong avant d'avoir assuré aux eaux un écou-
lement suffisant vers l'aval et la drague ainsi rendue disponible sera mise en chantier à l'extrémité Thap-Muoi, de la
coupure Thap-Muoi Tong-doc-Loc, tandis que la première
drague disponible dans la seconde quinzaine d'Août 1923,
commencera à fonctionner à l'extrémité Tong-doc-Loc, de
cette même coupure qui sera ainsi terminée à la fin de cette
année.

Ce n'est que lorsque le canal Arroyo-Commercial sons
Mytho sera achevé (fin 1924) que l'on draguera utilement les
12 kilomètres du Thap-Muoi restant à faire pour le débou-
ché au Mékong.

A ce moment, la première tranche de la Plaine des Joncs,
limitée au Nord par les canaux Thap-Muoi, canal Tong-doc-

Loc et l'Arroyo-Commercial, sera terminée au point de vue des canaux principaux.

***

Vinhlong, le 27 Mars 1926.

M. TRUONG THASH-TRUONG, CONSEILLER COLONIAL,
à Monsieur le Gouverneur de la Cochinchine, Saïgon.

Monsieur le Gouverneur,

J'ai l'honneur d'attirer votre bienveillante attention sur l'état de choses suivant :

Actuellement, il y a sur le territoire de la Cochinchine un grand nombre d'indigènes qui, depuis de longues années, ne sont pas en règle avec l'impôt personnel et se trouvent dépourvus de tout papier d'identité.

Nous avons plus de 2.000 communes. Supposons qu'il y ait seulement deux individus de cette catégorie par commune (ce chiffre est bien au-dessous de la réalité pour plusieurs régions) nous arrivons au chiffre de 4.000. Supposons encore que l'impôt personnel s'élève à 6 piastres, le montant total se chiffre alors par $4.000 \times 6 = 24.000$ piastres se répartissant entre les budgets local, régionaux et communaux.

Mais un autre point de vue important est à considérer, c'est que parmi ces individus, la majorité constitue un élément très dangereux pour la sécurité publique. Obligés en effet de demeurer cachés pour se soustraire à la police, de quoi peuvent-ils vivre, si ce n'est que des produits de méfaits.

Dans l'intérêt du fisc et pour la sécurité publique, je me permets de vous demander de vouloir bien accorder à ces individus la faveur de ne payer que l'impôt de l'année courante afin de leur permettre de faire régulariser leur situation au point de vue d'identité et de reprendre une existence normale. Un délai leur sera donné pour se mettre en règle et la plus grande publicité sera faite de vos instructions au cas où vous voudrez bien partager ma manière de voir.

C'est le moment de faire rentrer les impôts et à la faveur de la hausse du cours du paddy au début de la récolte, les intéressés peuvent se procurer la somme nécessaire à payer leur carte.

Veuillez bien agréer, Monsieur le Gouverneur, l'assurance de mes sentiments respectueusement dévoués.

Signé : THUONG.

CIRCULAIRE

1ᵉʳ BUREAU

(1ʳᵉ section)

Nº 122

Saigon, le 26 Avril 1923.

LE GOUVERNEUR DE 1ʳᵉ CLASSE DES COLONIES, GOUVERNEUR DE LA COCHINCHINE, *à Messieurs les Présidents des Commissions Municipales Saigon et Cholon, et les Administrateurs, Chefs de province et de circonscription.*

Il m'a été signalé qu'il existe actuellement en Cochinchine un grand nombre d'indigènes qui ne sont pas en règle avec le fisc et se trouvent encore dépourvus de tout papier d'identité. Outre la perte qui en résulte pour les divers budgets de la Colonie, ces individus constituent, pour la plupart un réel danger pour la tranquilité publique, obligés qu'ils sont de demeurer cachés pour se soustraire à la surveillance de la Police et ne pouvant, de ce fait, se livrer à aucun travail régulier.

Pour remédier à cet état de chose, j'ai décidé que les mesures de bienveillance prévues à leur égard, par la circulaire nº 133 en date du 10 Septembre 1919, seront remises en vigueur pour une nouvelle période de six mois.

A cet effet, je vous prie de vouloir bien faire apposer des affiches en quôc-ngu dans toutes les maisons communes et sur les places publiques de votre circonscription pour aviser la population que tous les indigènes dépourvus de carte d'impôt personnel ou détenteurs d'une carte qui ne leur appartient pas, peuvent demander leur inscription au bô-dinh avant le 1ᵉʳ Octobre 1923 moyennant le paiement de l'impôt de l'année courante, et cela sans encourir aucune pénalité. Passé ce délai de rigueur, il leur sera fait application de l'article 5 du décret du 6 janvier 1903 pour retard non justifié dans le paiement de l'impôt personnel sans préjudice des poursuites judiciaires dont ils pourront être l'objet pour délit de vagabondage.

Ces individus seront tous inscrits à un rôle spécial qui sera ouvert à l'Inspection.

Les modalités de cette inscription ayant été réglementées en détail par ma circulaire précitée, je vous prie de vouloir bien vous y reporter pour l'établissement des rôles annexe et supplémentaire. Il est entendu qu'un laissez-passer gratuit sera délivré aux indigènes qui se seront déclarés jusqu'au jour où la possession de la nouvelle carte sera devenue obligatoire, c'est-à-dire jusqu'au 1er Octobre 1923.

Je vous serais obligé de vouloir bien veiller personnellement à la stricte application de ces instructions.

Signé : COGNACQ.

Grâce à ces dispositions bienveillantes, des milliers de nos compatriotes depuis longtemps dépourvus de tout papier d'identité ont pu régulariser leur situation.

Vinhlong, le 19 Mars 1923.

M. Truong-thanh-Thuong, Conseiller colonial,
à Monsieur l'Administrateur. Chef de la province de Vinhlong..

Monsieur l'Administrateur,

J'ai eu l'occasion de me mettre en contact avec la plupart des notables de la province.

Ils m'ont prié d'intervenir auprès de vous pour que les cartes d'impôt personnel destinées aux jeunes gens de 18 ans nouvellement inscrits au bô-dinh soient distribuées par les soins de leurs maires. Car si les intéressés sont obligés à venir prendre individuellement ces cartes aux Bureaux de l'Inspection, cela leur occasionnera des frais de déplacement trop élevés.

Lors de l'institution des cartes quinquennales, l'Administration avait prescrit à chaque village l'envoi au chef-lieu des notables pour se mettre au courant de l'identification et de la méthode de prendre les empreintes digitales. Aux bout d'un stage, ils ont été munis du certificat de capacité. La distribution des cartes quinquennales se faisait alors dans des conditions satisfaisantes avec le concours de ces notables, qui continuent encore à rendre les mêmes services.

J'ai, en conséquence, l'honneur de vous prier de vouloir bien examiner avec bienveillance le désir exprimé par vos administrés, afin de leur éviter des dérangements fort coûteux.

Veuillez agréer, Monsieur l'Administrateur, l'assurance de mes sentiments dévoués.

Signé : THUONG.

La distribution des cartes d'impôt aux jeunes inscrits 18 ans le fait aux bureaux des délégués administratifs ce qui évite aux intéressés des frais de déplacement fort élevés.

Vinhlong, le 26 Septembre 1923.

A Monsieur l'Administrateur, Chef de la province de Bentré.

Monsieur l'Administrateur,

Pour faire suite à l'entretien que j'ai eu avec vous, j'ai l'honneur de vous faire connaître que M.M. les délégués de la province et moi, nous avons arrêté ensemble toutes les dispositions à prendre en vue de la formation du Syndicat agricole et de la Caisse de crédit agricole mutuel de Bentré ainsi que de leur prompt fonctionnement.

Nous connaissons tous votre bienveillante sollicitude à l'égard de nos compatriotes et de votre côté vous savez notre profond attachement à votre personne. C'est pourquoi, nous nous dévouons entièrement à toutes les œuvres destinées au bon renom de votre administration.

Le syndicat agricole est appelé à rendre de grands services à la population. Les plus réfractaires finirent eux-mêmes à en reconnaître les résultats. Il est vrai que ce sont les plus gros propriétaires qui profitent tout d'abord des avantages de cette institution, grâce aux avances de la Banque. Mais au moins les intérêts qu'ils en tirent profitent aux indigènes, car l'argent reste da   e pay   u lieu de passer aux mains des chinois et des c   oys, et d   tous les ans à l'extérieur. Nous commençons donc à supprimer petit à petit l'usure étrangère. Et plus tard à mesure que nous serons mieux organisés, nous pourrons nous occuper des simples fermiers en leur faisant des avances à faible intérêt sur les propres fonds de la caisse provinciale de crédit agricole en leur procurant le matériel et les moyens de culture plus rationnels.

Pour le moment, nous nous proposons de créer une seule section au Chef-lieu pour l'ensemble de la province. Quand les adhérants seront plus nombreux, une autre section pourra être créée à Mocay, en raison de l'importance de cette région, afin d'expédier plus rapidement les demandes des intéressés.

Après entente avec M. le Huyên Chi, j'ai commandé tous les imprimés et registres nécessaires. Je fais préparer les statuts et les règlements intérieurs. Dans peu de temps, le dossier complet vous sera soumis pour être envoyé à l'approbation de M. le Gouverneur de la Cochinchine.

Afin de permettre au futur Syndicat d'avoir tous les documents aussitôt sa constitution, je vous serais reconnaissant de vouloir bien dès maintenant prescrire aux délégués d'estimer la valeur de l'hectare des diverses catégories des rizières et jardins de la province. Cette estimation devra être faite séparément par village. Avec les renseignements ainsi fournis, un barème sera établi en triple expédition, l'une pour déposer aux Bureaux de l'Inspection, l'autre au Syndicat agricole et la troisième au Bureau de la Commission de surveillance.

Le Comité d'administration de la Caisse de crédit agricole se basera sur ce document pour fixer le chiffre des avances à faire aux pétitionnaires. On évitera ainsi des pertes de temps dans l'examen des dossiers. La Commission de surveillance s'appuiera également là-dessus pour la vérification et les Bureaux de l'Inspection pour le contrôle.

Veuillez bien agréer, Monsieur l'Administrateur, l'assurance de mes sentiments très respectueusement dévoués.

Signé : THUONG

Le syndicat agricole de Bentré fonctionne depuis 3 ans et donne des résultats satisfaisants.

re dans la première le même développement des communications automobiles qu'on a eu dans la seconde.

Au point de vue financier, le bac de Mytho a donné les résultats suivants :

Dépenses des 2e, 3e et 4e trimestres de 1923 = 11.000 $
Recettes des mêmes trimestres. 5.574

Déficit d'exptoitation environ . . . . . .   6.309 $

Dépenses du 1er trimestre 1924. . . . . . .   4.500
Recettes du même trimestre. 2.789

Déficit d'exploitation. . . . .   1.500 $

Il est certain que si les nouveaux résultats obtenus laissent prévoir que le bac du Hamluông, entre Bentré et Mocay, ne coûtera pas plus de 8.000 à 10.000 piastres de dépenses nettes annuelles, son installation présentera un grand intérêt pour l'île de Mocay.

De toutes les considérations qui précèdent, il semble donc résulter que le déclassement est possible, mais ne serait réellement utile que sur la section Côchiên, Travinh, Daingai, Soctrang, alors que l'importance de la section Côchiên, Mocay, Bêntre, Mytho, Saigon permettrait de lui conserver sur ce parcours le caractère de route locale.

Vinhlong, le 20 Février 1924.

A Monsieur l'Administrateur Chef de la province de Gocong.

Monsieur l'Administrateur,

Sans oser protester ouvertement, par esprit de discipline et par respect pour l'autorité supérieure, les habitants de la province de Gocong se plaignent cependant contre les réductions ou les suppressions des crédits prévus chaque année aux budgets des villages, notamment pour :

1° indemnité de fonctions aux notables chargés de la police, du recouvrement des impôts et de la conservation des archives ;

2° cérémonies rituelles dans les pagodes ;

3° frais de réunion ;

4° frais de déplacement :

5° travaux communaux (routes, ponts, restauration de pagodes et de maisons communes).

Ces bruits sont parvenus à ma connaissance, ce qui dénote un découragement de la part de ceux qui les ont répandus. Aussi, comme leur représentant élu, j'ai l'honneur d'attirer votre bienveillante attention sur les faits que je viens de vous signaler et insister tout particulièrement pour que vous veuillez bien maintenir tous les crédits précédemment prévus pour les dépenses d'administration et de travaux communaux.

A diverses reprises, nous avons demandé l'amélioration du sort des notables qui sont les précieux auxiliaires tant pour la rentrée des impôts que pour la repression des malfaiteurs, le maintien de l'ordre et l'exécution des travaux communaux. A côté des charges trop nombreuses, ils n'ont que des avantages insignifiants. Aussi le recrutement en est difficile par tout. Pour attirer les gens influents est instruits et les encourager à se dévouer à leurs fonctions, nous avons intérêt à relever leur situation et leur prestige.

Si le principe de la gratuité est à l'honneur des notables, il convient toutefois d'indemniser suffisamment ceux qui sont appelés à de fréquents déplacements ou qui ont de lourdes responsabilités pécuniaires. C'est un acte de justice, car depuis la fin de la grande guerre, le sort des personnels européen et indigène des diverses administrations a été largement amélioré ; en raison de la cherté de la vie, ces améliorations ne sont pas encore suffisantes. A constater que les 2/3 du budget local sont absorbés par les dépenses de personnel, les frais incombant à chaque budget communal pour l'administration courante sont de peu d'importance.

J'attire également votre attention sur l'état lamentable des routes et des ponts dans nombre de villages. Plus d'une occasion m'a été offerte de constater que pendant la saison des pluies et des hautes marées, les ponts-singes emportés par le courant et les routes inondées, les habitants qui alimentent le budget, et les jeunes enfants pataugent dans la boue ou nagent dans les eaux pour aller à leurs occupations ou pour aller à l'école. Les contribuables se plaignent alors à juste raison que leurs ressources annuelles sont employées ailleurs à des travaux qui ne leur profitent pas.

Je me permets enfin de vous dire enfin combien mes compatriotes qui sont tous respectueux des vieilles coutumes, tiennent beaucoup à restaurer les pagodes et à y célébrer convenablement les cérémonies rituelles. Ils croient qu'en le faisant, le génie tutélaire protège les habitants contre tous les fléaux. C'est pourquoi, il vous a été donné de vous rendre compte des cérémonies pompeuses données pour chasser le mauvais génie, chaque fois qu'une épidémie sévit sur un village. Les fêtes solennelles célébrées à l'occasion du Têt en sont une autre preuve. Chacun prépare ces fêtes comme il peut et dépense, sans compter pour quitter l'année ancienne, espérant être plus heureux à la nouvelle. Ce sont des coutumes millénaires qu'il est impossible de supprimer, sans risquer de provoquer le mécontentement général.

En vous soumettant ces faits, je crois d'un côté traduire fidèlement les devoirs de mes mandants, et de l'autre, vous éclairer utilement pour le bon renom de votre administration.

Veuillez agréer, Monsieur l'Administrateur, l'assurance de mes sentiments très dévoués.

Signé : TRUONG-THANH-THUONG.

Vinhlong, le 22 Août 1924.

Monsieur Truong-thanh-Thuong, Conseiller colonial, à Monsieur l'Administrateur, Chef de la province de Gocong.

Monsieur l'Administrateur,

A la date du 6 Novembre 1923, par lettre n° 12, j'ai eu l'honneur de vous demander de vouloir bien écarter les étrangers des adjudications des côngdiên. J'ai été l'heureux d'apprendre dans la suite que vous avez donné satisfaction au désir unanimement exposé par la population de la province.

A la fin de ma lettre précitée, je vous ai également fait part d'un projet tendant à la création d'un syndicat et d'une caisse de crédit agricole à Gocông. Je viens d'apprendre avec plaisir que vous êtes en train de réunir les éléments nécessaires à la formation de cette institution.

Permettez-moi de profiter de cette occasion pour vous offrir mes services, ayant largement contribué à la formation, à l'organisation et au fonctionnement des syndicats et caisses de crédit agricole de Vinhlong et de Bentré. J'ai acquis à ce sujet de l'expérience et je peux vous prêter un concours efficace. Si vous voulez, je fais préparer le dossier complet que je vous enverrai, prêt à être soumis à l'approbation de M. le Gouverneur de la Cochinchine. Je ferai également la commande des imprimés et des livres à la comptabilité.

Aussitôt les statuts approuvés, je viendrai moi-même et en cas d'empêchement, je vous enverrai un comptable bien dressé pour expédier le premier dossier d'emprunt et mettre au courant du service le secrétaire du futur syndicat agricole de Gocông.

L'expérience a démontré que ces institutions sont appelées à rendre de grands services à la population. Les plus réfractaires finirent par en apprécier les résultats. Il est vrai qu'au début seuls les gros propriétaires profitent des avantages, grâce aux avances à faible intérêt de la Banque. Mais au moins, l'argent qu'ils en tirent restent encore dans le pays, au lieu de passer aux mains de chinois et des chettys et d'aller tous les ans à l'extérieur.

Nous arriverons ainsi à supprimer petit à petit l'usure étrangère. Plus tard à mesure que nous serons mieux organisés, nous nous occuperons des petits cultivateurs en leur procurant des avances sur la caisse de crédit provinciale et les moyens de culture plus rationnels.

Veuillez agréer, Monsieur l'Administrateur, l'assurance de mes sentiments respectueux.

Signé : THUONG

Le syndicat agricole de Gocông est créé et fonctionné déjà.

Vinhloong, le 17 Octobre 1921.

MONSIEUR TRUONG-THANH-THUONG, CONSEILLER COLONIAL, à *Monsieur l'Administrateur-Président et Messieurs les membres du Conseil de province de Vinhlong.*

Monsieur le Président,
Messieurs les Membres,

Au nom de la population foncière de la province, j'ai l'honneur d'attirer votre attention sur le quantum trop élevé des centièmes additionnels qui frappent les contribuables sur le principal des impôts des centres et des rizières.

Ces chiffres qui étaient de 25 pour les centres et 35 pour les rizières en 1920 ont été respectivement portés à 55 et à 50 à partir de 1921 et sont maintenus à ce jour.

Les augmentations proposées, à titre exceptionnel, étaient motivées par les travaux d'agrandissement et de transfert de l'hôpital-maternité et les travaux d'adduction d'eau potable au Chef-lieu.

Or, depuis cette époque, les projets ci-dessus n'ont pu être exécutés. Les travaux de grosses réparations ont été seulement effectués à l'hôpital qui, pour le moment, peut répondre aux besoins de la population.

En attendant que le programme précédemment élaboré puisse être mis à exécution, il serait équitable d'alléger les charges des propriétaires fonciers de Vinhlong. A examiner les tableaux des centièmes additionnels de 1921 à 1924, l'on constate que le quantum à eux imposé est de beaucoup supérieur à celui des autres provinces de la Cochinchine.

A mon sens, il y aurait lieu de réduire ces centièmes majorés depuis 4 ans, dans les proportions de 100% pour les centres et de 50% pour les rizières. Le moment venu, il sera loisible à l'Administration de faire alors, à titre exceptionnel, un nouvel appel financier aux contribuables pour l'exécution des travaux urgents envisagés dans l'intérêt public. Mais pour le moment, tant que les besoins urgents ne se font pas sentir, je pense que les contribuables ont droit à une juste répartition des charges qui leur incombent.

Veuillez bien agréer, Monsieur le Président et Messieurs les Membres, l'assurance de mes sentiments dévoués.

Signé : TRUONG-THANH-TRUONG

Les centièmes additionnels ont été, depuis 1924, ramenés à 40 pour les rizières et 30 pour les centres.

Vinhlong, le 23 Octobre 1924.

MONSIEUR TRUONG-THANH-THUONG, CONSEILLER COLONIAL A VINHLONG, à Monsieur le Gouverneur de la Cochinchine, Saigon.

Monsieur le Gouverneur,

J'ai l'honneur d'attirer votre haute attention sur l'interprétation des règlements relatifs à la détention des armes à feu. L'arrêté de 1918 de M. le Gouverneur Général stipule que les permis d'arme sont valables pour cinq ans et d'un mois avant l'expiration de ce délai, les détenteurs sont tenus de faire une déclaration en vue du renouvellement ou de l'annulation.

D'après ce texte, le renouvellement doit, à mon sens, se faire à titre gratuit et ne donne lieu à aucune nouvelle perception de la taxe de 200 $, payée au moment de la délivrance du permis. Il n'est pas possible, en effet, dans l'esprit du législateur de faire payer par les détenteurs le droit réglementaire de 200 $ tous les cinq ans en plus de 12 $ pour les visas annuels. Or, d'après la copie ci-jointe d'une circulaire de M. le délégué de Cai-bè, ceux qui obtiendront le renouvellement de leur permis devront à nouveau verser 200 $. J'ai, d'autre part, reçu des personnes de ma connaissance, entr'autres un Phu en retraite, des lettres me demandant si cette mesure venait d'être votée par le Conseil colonial dans sa dernière session.

L'échange des permis d'arme ancien modèle contre les permis nouveau modèle ayant eu lieu en 1919, après la promulgation du décret de 1917 et de l'arrêté de 1918, le renouvellement général aura lieu à la fin de cette année. Les possesseurs des armes sont émus de l'interprétation des règlements dans le sens de la circulaire du délégué de Cai-bè.

Si cette application est erronée, je vous serai reconnaissant de vouloir bien donner des instructions pour la faire démentir.

Veuillez bien agréer, Monsieur le Gouverneur, l'assurance de mon profond respect.

Signé : TRUONG-THANH-THUONG.

Circonscription de Cáibè

Trát cho thầy cai Phong-Phú tuần cứ :

Châu tri số 14 ngày 1er Octobre 1921 của quan chủ tỉnh nói rằng người sắm súng không tuân theo luật, Quan chủ tỉnh nhắc lại cho mấy người sắm súng hay các điều sau nầy :

1°) Bổn thân phải trình tại Toà-bố khi đem giấy phép mà ghi mỗi sáu tháng ;

2°) Khi đó phải trình cây súng ;

3°) Phải đem cái giấy súng mà ghi (Từ 1er Décembre tới 31 Décembre và 1er Juin tới 30 Juin mỗi năm) ;

4°) Những người sắm súng khỏi đóng tiền cũng phải vưng theo mấy điều trên đây nhưng mà ghi giấy súng không tiền ;

5°) Ai mà không tuân theo luật mấy điều trên đó phải bị phạt vạ từ 10$ tới 40$ và bị lấy giấy phép sắm súng lại và thâu luôn súng ;

6°) Luật buộc phải làm đơn ít nữa một tháng trước ngày sắm súng mãn. Bởi nhiều giấy phép sắm súng cũi năm nay thì mãn, nên những người sắm súng nào có giấy phép gần mãn phải làm đơn mà xin ghi giữ cây súng lại, đơn đó phải nạp trể lắm là trong tháng Novembre, hể giấy phép mà xin lại được thì phải đóng 200$. Người làm đơn phải nói trong đơn rằng : chịu đóng số bạc đó, đơn đó nạp tại quận với giấy phé psắm súng đặng quận ghi rồi sẽ đem hầu Quan chủ tỉnh. Còn những người nào không muốn giữ cây súng nữa thì đem súng nạp tại Toà-bố đặng nhà-nước bán giùm cho, giá bán Nhà-nước giao lại cho chủ cây súng.

Xin thầy dạy chép trát nầy cho người sắm súng hay, nhớ rao cho đủ kẻo ngày sau mấy người đó nói không hay biết.

Cáibè, le 3 Octobre 1924.

Le Délégué,

306 du 4 Décembre 1921.

Gouverneur p. i. de la Cochinchine, à Messieu   Présidents des Commissions municipales de Saigon et de   on et les Administrateurs Chefs de province.

Le premier contingent de permis d'arme délivrés en 1920 atteignait leur 3e année d'usage en 1923, il m'a été demandé si le renouvellement de ses permis donnerait lieu à la perception d'un nouveau droit de 200 $ 00.

Après examen de la question, j'ai l'honneur de vous faire connaître que ce renouvellement doit avoir lieu jusqu'à nouvel ordre dans la perception de taxe.

L'arrêté du 16 Janvier 1920, en effet, n'a pas établi de taxe spéciale pour cette opération, et le droit de 200 $ 00, institué par ce texte, n'a été fixé à une somme aussi élevée qu'en prévision de non application de toute taxe future de renouvellement.

Signé : THOLANCE.

Vinhlong, le 16 Novembre 1921.

Monsieur TRUONG-THANH-THUONG, Conseiller colonial à Vinhlong, à Monsieur l'Administrateur, Chef de la province de Vinhlong.

Monsieur l'Administrateur,

La population de la province constate avec reconnaissance que vous vous occupez de leur bien-être et de l'embellissement de la ville depuis votre arrivée à Vinhlong. Elle me charge de vous signaler l'intérêt qu'il y a de faire mettre d'urgence des barrières à la rampe d'accès du grand pont sur le Long-Hô, côté de Thiêng-duc, pour la sécurité des véhicules de toutes sortes.

Cette rampe d'accès et les deux tournants contigus sont en effet trop brusques. Les accidents peuvent donc se produire du jour au lendemain. Il y a un an environ, une voiture automobile a été renversée à cet endroit et fortement endommagée. Heureusement, il n'y a pas eu d'accident de personne.

J'ai l'honneur de vous demander de vouloir bien donner satisfaction au désir légitime exprimé par vos administrés.

Veuillez agréer, Monsieur l'Administrateur, l'assurance de mes sentiments respectueusement dévoués.

Signé : THUONG

Vinhlong, le 20 Décembre 1921.

L'ADMINISTRATEUR DES SERVICES CIVILS, CHEF DE LA PROVINCE
DE VINHLONG, *à Monsieur Truong-thanh-Thuong, Conseiller
Colonial à Vinhlong.*

Monsieur le Conseiller,

En réponse à votre lettre du 16 Novembre 1921 par
laquelle vous demandez la construction de barrières à la
rampe d'accès du pont de Thiêng-Duc, j'ai l'honneur de vous
faire connaître que le travail est fait et qu'il est terminé
depuis le 14 courant.

Veuillez agréer, Monsieur le Conseiller, l'assurance de ma
considération distinguée.

L'Administrateur,
Signé : Léon MOSSY.

———————

Vinhlong, le 11 Décembre 1921.

MONSIEUR TRUONG-THANH-THUONG, CONSEILLER COLONIAL A
VINHLONG, *à Monsieur l'Administrateur, Chef de la province
de Vinhlong.*

Monsieur l'Administrateur,

J'ai l'honneur de porter à votre connaissance un désir depuis longtemps exprimé par les habitants de Vinhlong. Ce
désir tend à faire couvrir le marché aux poissons. A l'heure
actuelle, les marchandes et les consommateurs sont, en effet,
exposés au soleil et à la pluie. Pendant la saison des pluies
surtout on voit les marchandes toutes mouillées pendant
de longues heures pour écouler leurs marchandises et on
les trouve dans un état lamentable.

Dans les provinces voisines comme Cantho, Sadec, Mytho,
Bentré, pour ne citer que celles-là, tous les marchés aux
poissons sont couverts en tôle ondulée en vue de protéger
les marchandes. Je viens, en conséquence, au nom de la
population, vous demander de vouloir bien examiner la possibilité de faire couvrir celui de Vinhlong. La dépense qui
en résulte n'est pas bien énorme et le budget de la ville de
Long-Châu est suffisamment important pour y faire face.

Au surplus, le marché de Vinhlong se développe ces temps
derniers et le prix de l'affermage augmente à chaque adju-

dication. Cette dépense pourra donc être recouvrée par la plus-value des recettes.

Veuillez agréer, Monsieur l'Administrateur, l'assurance de mes sentiments respectueux.

Signé : THUONG.

Voir lettre de rappel du 27 Février 1926 et réponse de M. l'Administrateur de Vinhlong.

Session ordinaire de 1924

VŒU de M. Truong-thanh-Thuong tendant à l'extension des majorations pour charges de famille au personnel indigène en service dans les provinces.

Réponse. — Il n'existe pas pour le personnel indigène, d'indemnité spéciale pour charges de famille.

Il a simplement été alloué, par arrêté du Gouverneur Général du 30 Août 1921, au personnel en service dans certaines localités où le coût de la vie est particulièrement élevé, une indemnité mensuelle dite de zone avec majorations pour charges de famille.

Il ne paraît pas possible, pour le moment du moins, d'étendre le bénéfice de cette indemnité à tout le personnel indigène en service dans les provinces.

VŒU du Conseil Colonial tendant à la réorganisation de la régie du sel en vue du développement des salines.

Réponse. — Des mesures ont été prises par l'Administration des Douanes et Régie pour donner satisfaction à ce vœu.

C'est ainsi qu'à Bachieu, le prix d'achat de 100 kilos de sel est passé de 0$23 à 0$10, ce qui, en tenant compte de la suppression de la prime à la fabrication du sel blanc, représente pour les producteurs une augmentation de 0$07 ; la même mesure, dans la proportion de 0$03 pour le prix d'achat et de 0$01 pour le prix de transport a été également décidée pour Baria.

Jointes à l'institution d'une prime de 0$03 à la production hâtive, ces mesures ont très largement amélioré la situation des sauniers de Cochinchine.

Vinhlong, le 14 Février 1923.

MONSIEUR TRUONG-THANH-THUONG, CONSEILLER COLONIAL A VINHLONG, à *Monsieur l'Administrateur, Chef de la province de Vinhlong.*

Monsieur l'Administrateur,

Jusqu'ici, le système adopté pour l'affermage des côngdiền de la province avec la garantie de deux cautions solvables n'a occasionné aucun mécompte aux villages intéressés. Si au cours de la dernière période triennale, il y a eu du retard dans le paiement de redevances, à la suite du procès entre la Société Industrielle et commerciale de Vinhlong et M. Nguyen-van-Tac ; c'était un cas exceptionnel et unique.

Dans les nouveaux contrats pour les prochaines adjudications, vous venez d'introduire une nouvelle clause qui prévoit le versement en espèces du cautionnement de l'affermage. J'ai l'honneur de vous faire connaître que, d'après les divers renseignements qui m'ont été donnés, cette mesure donnerait lieu aux inconvénients suivants :

1°) Beaucoup de concurrents, bien que possédant des biens qui puissent répondre largement de leur gestion, n'ont cependant pas suffisamment d'argent liquide pour verser leur cautionnement. Ceux là seront évincés ipso facto.

2°) Ceux qui participeront aux adjudications déduiront du prix de l'affermage les intérêts des sommes qu'ils verseront comme cautionnement. Ces intérêts seront calculés pour trois ans et à un taux qui ne sera pas inférieur à 30% l'an, alors que les dépôts faits par les villages à la Banque de l'Indochine ne sont productifs que d'un intérêt de 2% l'an.

De ces considérations, il résulterait une diminution assez forte dans les offres des soumissionnaires sur les anciens prix et il y aurait une moins-value sensible de recettes pour les budgets communaux.

Je vous soumets ces renseignements que j'ai recueilli de toutes parts pour toutes fins que vous jugerez convenable.

Veuillez agréer, Monsieur l'Administrateur, l'assurance de mes sentiments respectueux.

Signé : THUONG

Vinhlong, le 24 Février 1925,

L'Administrateur des Services Civils, Chef de la Province de Vinhlong, à Monsieur Truong-thanh-Thuong, Conseiller colonial, à Vinhlong.

En réponse à votre lettre du 14 courant, j'ai l'honneur de vous faire connaître que, tenant compte de votre communication, je viens d'insérer au cahier des charges une clause spécifiant que toute personne qui aura, au préalable, fourni trois cautions solvables, sera dispensée du versement du cautionnement.

Veuillez agréer, Monsieur le Conseiller colonial, l'assurance de ma considération distinguée.

L'Administrateur,
Signé : Léon MOSSY.

Vinhlong, le 19 Septembre 1925,

Monsieur Truong-Thanh-Thuong, Conseiller colonial a Vinhlong, à Monsieur l'Administrateur, Chef de la province de Vinhlong.

Monsieur l'Administrateur,

Lors de la création de l'Internat primaire de Vinhlong, la pension de chaque élève a été fixée à 9$00 par mois, tandis que le fournisseur des vivres faisait payer, à la suite d'une adjudication, la ration journalière à 0$15, ce qui faisait 13$00 par mois. Le nombre des pensionnaires était de 120 jusqu'aux dernières vacances.

Or, l'Administration vient de porter de 9$00 à 11$00 la pension des internes, alors que le nouveau fournisseur demande seulement 0$20½ pour chaque ration journalière. Par suite de cette augmentation, le nombre des internes n'est plus que de 51 depuis la rentrée des classes et d'après le bruit qui court, ce chiffre diminuerait encore.

J'ai l'honneur de vous demander de vouloir bien réduire les nouveaux prix à 12$00, portant ainsi augmentation des anciens prix de 3$00 au lieu de 5$00 par mois.

D'après les renseignements qui me sont fournis, les internats de Bentré et de Cantho font payer 12$00.

Veuillez agréer, Monsieur l'Administrateur, l'assurance de mes sentiments respectueux.

Signé : THUONG.

Vinhlong, le 23 Septembre 1925.

L'ADMINISTRATEUR DES SERVICES CIVILS, CHEF DE LA PROVINCE DE VINHLONG, à *Monsieur Truong-thành-Thuong, Conseiller Colonial E. V.*

Monsieur le Conseiller,

En réponse à votre lettre du 19 Septembre courant, j'ai l'honneur de vous faire connaître qu'étant données les conditions toutes spéciales que j'ai pu obtenir du fournisseur pour l'année en cours, j'envisage la possibilité de ramener à 12 $00, le prix de la pension à l'internat primaire de Vinhlong, pour 1925-1926.

Veuillez agréer, Monsieur le Conseiller colonial, l'assurance de ma considération distinguée.

L'Administrateur,
Signé : Léon MOSSY.

Session ordinaire de 1925

VŒU de M. Truong-thành-Thuong, relatif au rétablissement du corps des Doc-phu-su, phu et huyen et au classement des commis dans ce corps.

Réponse. — Le vœu en question a été soumis à l'étude d'une commission nommée par arrêté du 25 Janvier dernier.

Un projet d'arrêté portant réorganisation du personnel indigène des Bureaux du Gouvernement et des provinces de la Cochinchine et classement des commis dans le corps des Doc-phu-su, phu et huyen, a été soumis à l'approbation du Gouverneur général par lettre en date du 2 Avril 1926.

N. B. — J'ai fait partie de la Commission précitée comme délégué du Conseil colonial pour soûtenir le vœu que j'ai présenté depuis 1922. La commission a proposé la création de deux classes de Tong-doc à 3000 $ et 3600 $ pour couronner la carrières des éminents fonctionnaires qui sont parvenus jeunes au grade de Doc-phu. A fin de faciliter le classement des commis, une nouvelle classe de Phu et de huyen a également été proposée.

Les huyen de 3ᵉ classe ou stagiaires seront recrutés parmi les secrétaires ayant subi avec succès un examen, parmi les diplômés de l'Ecole des hautes études indochinoises et les bacheliers.

Au cours de ses réunions, la commission a étudié aussi la révision du tarif des indemnités de route et de séjour. Le taux varie de 0 $ 50 à 7 $ 00 au lieu de 0 $ 10 à 3 $ prévu par les anciens textes.

J'ai soulevé d'autre part la question de l'indemnité de changement de résidence et j'ai proposé l'attribution de 20 $ 00 pour les célibataires, 30 $ 00 pour les mariés sans enfant, et 50 $ 00 pour les mariés pères de famille.

VŒU déposé par le Conseiller Colonial Truong-thành-Thuong tendant à ce que les fonctionnaires du cadre supérieur (Phu, Huyên, commis) soient logés par l'Administration.

Réponse. — En l'état actuel, six provinces ont pu loger leurs fonctionnaires indigènes du cadre supérieur, deux provinces ont promis d'accorder la même faveur à ces agents dans un délai assez court. Des instructions sont données pour qk'au fur et à mesure des disposibilités budgétaires, des crédits soient inscrits aux budgets provinciaux en vue de la construction de logements pour les fonctionnaires indigènes.

VŒU présenté par MM. Truong-thành-Thuong et Huynh-kim-Long tendant à ce que les candidats pourvus du Brevet supérieur puissent être nommés professeurs stagiaires de l'Enseignement primaire supérieur au même titre que les condidates pourvues de ce brevet.

Réponse. — L'Ecole de Pédagogie n'ayant pas été ouverte aux jeunes filles avant 1924, il a paru équitable d'autoriser provisoirement, et jusqu'au 31 Décembre 1926 seulement, les jeunes filles pourvues du Brevet supérieur à entrer comme stagiaires dans le cadre des Professeurs de l'Enseignement primaire supérieur franco-indigène.

Cette mesure de faveur ne saurait être étendue aux jeunes gens qui pouvaient, eux, s'ouvrir l'accès de la carrière de professeur de l'Enseignement supérieur en se faisant admettre, comme leurs camarades, à l'Ecole supérieure de Pédagogie.

VŒU présenté par les conseillers coloniaux indigènes relatif au reclassement du cadre du personnel indigène des instituteurs.

Réponse. — La détermination de la solde des instituteurs est de la compétence du Gouverneur général.

L'échelle actuelle, fixée par l'arrêté du 18 Septembre 1921, réserve, comme il semble naturel, un taux plus élevé d'accroissement de solde aux maîtres déjà expérimentés et d'un mérite éprouvé.

VŒU tendant à ce que l'on fasse l'étude d'un pont pour remplacer le bac existant actuellement sur la route locale n° 7 de Vinhlong à Travinh, au passage du Mangthit.

Réponse. — La construction de ce pont fut envisagée pour la 1re fois en 1911 en vue de remplacer un bac à câbles qui assurait le service à cet endroit. Un projet de MM. Brossard et Mopin fut retenu pour être présenté à l'Administration supérieure. Ce projet contre lequel s'élèvent les protestations de la Chambre de Commerce et de l'Administrateur de Vinhlong fut également critiqué au sein du Conseil colonial, si bien que l'Administration finit par y renoncer. Un bac à moteur installé en 1916, n'ayant pas donné les résultats qu'on en attendait, fut envoyé ailleurs et après d'infructueuses tentatives, on remit en 1919 à Mangthit l'ancien bac à câbles qui, dans la suite, fut remplacé par les deux bacs à rames actuels.

Les intérêts de la navigation, élément essentiel de la vie économique de ce pays, exigent qu'on laisse libre toute la largeur du Rach et n'y crée pas d'obstacles de nature à augmenter les difficultés des manœuvres ou à ralentir la marche des embarcations. Il faut encore pouvoir laisser passer les dragues dont la hauteur dépasse 20 mètres.

Un pont transbordeur pourrait seul satisfaire à ces conditions, mais il n'améliorerait guère la circulation routière puisque son débit est limité tout en étant d'un prix excessif et d'un entretien difficile.

Il est donc nécessaire de consentir une certaine gêne pour la navigation et d'adopter un pont avec appuis en rivière à tracées assez grandes pour diminuer les inconvénients résultant de la présence de ces appuis, d'un tirant d'air de 6 mètres pour le passage de toutes embarcations autres que les jonques à voiles, et pour ces dernières et les dragues une travée mobile.

De plus, la construction d'un pont à cet endroit ne coûterait pas moins de 300.000$00. Au lieu d'engager une pareille somme dans le but de faire gagner aux cinquante voitures circulant chaque jour entre Travinh et Vinhlong la vingtaine de minutes que demande le passage par bacs, l'Administration locale estime préférable d'employer cette somme pour remplacer sur les routes locales par du béton armé 600 mètres de ces ponts Eiffel qui sont trop étroits, ne peuvent supporter que de faibles charges exigent un entretien très onéreux.

VŒU relatif à l'empierrement de la route locale n° 6.

Réponse. — Au cours de la discussion de ce vœu, des considérations ayant été présentées touchant le déclassement de la route locale n° 6 et la jonction Mocay-Bentré en passant par Cholach, ce vœu ne fut adopté que sous bénéfice de ces considérations.

Ces dernières ont fait l'objet d'un vœu du Conseil en 1923 auquel l'Administration a déjà répondu.

Le vœu ne vise que la mise au gabarit des terrassements et leur empierrement, toute étude nouvelle étant inutile, a déclaré l'auteur de vœu.

Il est exact que les terrassements existent et qu'ils pourront être utilisés sur une grande partie de leur longueur. Mais il n'en reste pas moins que leur mise au gabarit et leur empierrement ne suffiraient pas pour réaliser la liaison Mocay-Bentré, si on ne construisait pas en même temps des ponts capables de supporter le passage des automobiles et si l'on n'installait pas un bac pour traverser, le Ham-luong. C'est justement en vue de cette construction et cette installation qu'une étude a été entreprise par le service des Travaux Publics.

Elle est actuellement terminée sur le terrain. Il reste à l'achever sur le bureau, et les travaux pourront commencer l'année prochaine si les disponibilités budgétaires le permettant.

Le montant total de la dépense ne peut être connu qu'après l'établissement du projet ; mais en première approximation on peut l'évaluer à 200.000$.

VŒU de M.M. Huynh-kim-Long et Truong-thanh-Thuong au sujet de l'extension des indemnités de zone aux fonctionnaires en service dans les provinces.

Réponse. — L'indemnité de zone dont le tarif varie suivant la région et non suivant le grade, l'emploi ou le service, est destinée à dédommager le personnel, soit des dépenses supplémentaires occasionnées par l'augmentation du prix des denrées ou des loyers, soit de la cherté exceptionnelle des vivres dans certaines régions insuffisamment pourvues de ressources.

En ce qui concerne le personnel indigène, les postes de cette dernière catégorie : Hon-quan, Budop, Phu-quoc, sont dotés de la même indemnité que ceux de la première catégorie, c'est-à-dire Saigon, Giadinh, Cholon.

Or, si dans ces derniers centres, les denrées alimentaires atteignent des prix qui ne sont guère plus élevés que dans les provinces, il est tout à fait indiscutable que le prix des loyers y est de beaucoup plus élevé que dans les centres de l'intérieur.

Il faut remarquer d'autre part que contrairement au troisième considérant du vœu déposé par MM. les Conseillers

Huynh-kim-Long et Truong-thành-Thuong, les fonctionnaires européens ne bénéficient nullement de l'indemnité de zone dans tous les postes de Cochinchine.

Enfin la comparaison entre le personnel européen et indigène ne peut le suffire pour justifier le droit à l'indemnité de zone, les conditions d'existence et d'alimentation n'étant pas les mêmes pour les uns et les autres.

Il ne paraît donc pas, dans ces conditions, qu'il y ait lieu d'accorder au personnel en service dans les provinces, l'indemnité de zone attribuée aux fonctionnaires et employés indigènes en service à Saigon, Giadinh et Cholon.

VŒU du Conseil Colonial tendant à ce qu'il soit stipulé que les Annamites diplômés des Ecoles des hautes études commerciales exonérés du service militaire, en vœu relatif à la réduction du service militaire de 4 ans.

Réponse. — La question des modifications à apporter aux errements suivis en Indochine en matière de recrutement indigène fait actuellement l'objet de préoccupations toutes particulières des autorités civiles et militaires de la Colonie. Elle fait corps avec l'ensemble des projets qui seront soumis très prochainement à l'examen du Conseil de défense.

Vinhlong, le 27 Février 1926.

Monsieur Truong-thanh-Thuong, Conseiller colonial, *à Monsieur l'Administrateur Chef de la Province de Vinhlong.*

J'ai l'honneur de vous rappeler ma lettre du 11 Décembre 1921, dont ci-joint copie (1), par laquelle au nom de la population, je vous ai demandé de vouloir bien faire couvrir le marché aux poissons.

Dans une entrevue que j'ai eue avec vous l'année dernière, vous avez bien voulu me faire connaître que le village de Long-Chau devait en 1925 reconstruire la salle de théâtre de la pagode et qu'il lui était impossible d'entreprendre sur le même exercice deux grands travaux à la fois;

---

(1) Voir lettre du 11 Décembre 1921.

mais vous m'avez promis de reprendre ma proposition cette année.

Pour le bon renom de votre administration, je reviens vous prier instamment dé vouloir bien donner satisfaction à une demande légitime de vos administrés.

Veuillez bien agréer, Monsieur l'Administrateur, l'assurance de mes sentiments respectueux.

Signé : THUONG.

____

Vinhlong, le 5 Mars 1926.

L'ADMINISTRATEUR DES SERVICES CIVILS, CHEF DE LA PROVINCE DE VINHLONG, à Monsieur Truong-thanh-Thuong, Conseiller Colonial, à Vinhlong.

En réponse à votre lettre du 27 Février dernier, j'ai l'honneur de vous faire connaître qu'un crédit de 3.000 $00 (1ère annuité) est prévu au Budget de Long-Châu pour la construction du marché aux poissons.

Veuillez agréer, Monsieur le Conseiller Colonial. l'assurance de ma considération distinguée.

L'Administrateur.
Signé : Léon MOSSY.

Lors de notre dernière entrevue, M. l'Administrateur de Vinhlong m'a fait connaître que le budget régional prend à sa charge le surplus des dépenses. Les travaux auraient dû être déjà commencés ; mais le conseil des notables de Long-châu demande que le marché aux poissons soit situé sur le Long-Hô même. C'est pourquoi, il a fallu faire modifier les plans et devis. Dès qu'ils seront déposés pour le service des Travaux publics, la construction pourra être commencée.

____

Session ordinaire de 1926

Nous avons repoussé les propositions concernant la taxe représentative de l'impôt personnel des Européens, des indigènes et des Asiatiques étrangers ; la création de deux classes de l'impôt des rizières, l'une à 3 $ et l'autre à 2 $ 50.

par hectare ; l'impôt sur les successions des indigènes et des Asiatiques ; la revision des taxes forestières, la création d'une taxe additionnelle de 1.20°/₀ sur le principal de l'impôt foncier pour la Chambre d'Agriculture ; enfin la création d'une taxe à l'importation.

Le Conseil Colonial a adopté l'application du nouveau régime de propriété foncière en Cochinchine et son fonctionnement, à titre d'essai, dans les villes de Saigon et de Cholon et dans la province de Gocong. Pour ma part, j'ai rejeté ce projet estimant que son application donnera lieu à de multiples difficultés et que son organisation entrainera des taxes nouvelles à la charge des propriétaires.

———

VŒU de M. Truong-thanh-Thuong tendant à l'augmentation du nombre de permis d'arme,

Le Conseil Colonial,

Considérant que la délivrance des permis de port d'arme est subordonnée à l'effectif fixé pour chaque province ;

Attendu que cet effectif est trop restreint par rapport au nombre de personnes présentant toutes les garanties de moralité et de fortune suffisantes pour détenir des armes à feu ;

Considérant que le nombre des riches augmente chaque année grâce à la mise en valeur des terres en friche, et qu'il y a lieu par conséquent d'accorder à chaque village, suivant son importance, deux ou trois permis d'arme destinés à assurer la sécurité des habitants,

Émet le vœu :

Que l'effectif des permis d'arme précédemment fixé pour chaque province soit revisé et augmenté.

Saigon, le 26 Août 1923.

Signé : THUONG

———

VŒU de M. Truong-thanh-Thuong concernant les travaux de défense du quai de Vinhlong qui fait partie de la route locale N° 7.

Le Conseil colonial,

Considérant que les érosions du Grand-fleuve se sont

produites dans des conditions les plus inquiétantes devant Vinhlong, que deux sur les trois épis de défense ont été enlevés par le courant, et qu'il y a un réel danger pour l'Hôtel de l'Inspection et le Bungalow;

Considérant qu'il y a extrême urgence à prendre les mesures nécessaires à protéger le quai, et à parer au danger,

Emet le vœu:

Que l'Administration fasse prendre d'urgence les mesures nécessaires en vue de protéger le quai de Vinhlong.

Saïgon, le 31 Août 1926.

Signé : THUONG.

VŒU de M. Truong-thanh-Thuong relatif :

1º A l'exécution des travaux destinés à relier Mocay à Bentré par voie de terre ;

2º A la construction d'un pont sur le Balai.

Le Conseil colonial,

Considérant que l'île des Minh a la même importance écconomique que l'île des Bao et qu'il y a lieu de commencer au plus tôt les travaux destinés à relier Mocay à Bentré par voie de terre pour faciliter les communications ;

Considérant que ces travaux sont demandés à diverses reprises par le Conseil colonial dans ses précédentes sessions;

Considérant d'autre part qu'à marée très basse, la traversée du Balai par le Bac est impossible à certaines heures, et que dans l'intérêt de la circulation, il y a urgence à construire un pont sur le fleuve ;

Attendu que la Budget régional de Bentré participera volontiers aux dépenses de cette construction.

Emet le vœu :

1° Que le commencement d'exécution des travaux de liaison de Mocay à Bentré par voie de terre ait lieu en 1927 ;

2° Qu'un pont soit construit sur le Balai.

Saïgon, le 31 Août 1926.

Signé : THUONG